Geschafft

iafft

Geschafft

AF204655

Idee / Text: Michael Kernbach
Cartoons / Illustration: Miguel Fernandez

14. Auflage 2025

© 2016 Lappan Verlag in der Carlsen Verlag GmbH,
Völckersstraße 14-20, 22765 Hamburg

ISBN 978-3-8303-4384-4

Mit Fragen zur Produktsicherheit wenden Sie sich bitte an:
www.carlsen.de/kontakt

Mit Fragen zur Produktsicherheit wenden Sie sich bitte an:
carlsen.de/kontakt

Text: Michael Kernbach
Illustrationen: Miguel Fernandez
Herstellung und Gestaltung: Ulrike Boekhoff

*FOLLOW US!*
facebook.com/lappanverlag
Instagram.com/lappanverlag
**LAPPAN.DE**
LAPPANKALENDER.DE

MIX
Papier | Fördert
gute Waldnutzung
FSC® C002795

Du hast es

Geschafft

Was Frau ab 70
alles tun darf!

# Stößchen zum Frühstück

Herzlichen Glückwunsch zum 70. Geburtstag und willkommen im Casual Friday of Life, dem Beginn der chilligsten aller Lebensphasen, der never ending 24/7-Afterhour. Erschrecken Sie jetzt bitte nicht ob dieser wunderlichen Begrifflichkeiten. Diese Vokabeln tun einen mehr als nützlichen Dienst, um Ihren Kindern und Enkeln zu erklären, warum es jetzt schon morgens ein Piccolöchen sein darf und der Morgenrock auch mittags noch für Sie eine mehr als geeignete Bekleidung darstellt. Derartiges Bummelantentum ist heute dank der nichtsnutzigen Generationen der nach 1970 geborenen nämlich nicht mehr verwerflich, sondern ein Lebensstil, der Sie in den Augen Ihrer Mitmenschen nicht faul, sondern cool macht. Kaufen Sie darum ein paar „Café del Mar"-CDs und genießen Sie die Sunny Side of Life. Ruhig auch mit einem Frühstücks-Gedecko „Prosecco". Man gönnt sich ja sonst nix – zumindest nicht schon morgens …

# Kommandos geben

Leider haben es die Menschen heute fast vergessen: Jahrtausendelang war es das Privileg der Erfahrenen, den Mitmenschen zum Wohle aller Anweisungen zu erteilen. Wenn man Ihrem natürlichen Recht auf Weisung nicht gleich Folge leisten will, trainieren Sie das einfach mit dem Grünzeug. Sie brauchen dafür lediglich ein paar typische Insignien der Vergänglichkeit.

Accessoires wie ein Rollator oder andere Gehhilfen leisten hier eine tolle Hilfe. So präpariert, sollten Sie jede Gelegenheit nutzen, den Gefechtsstand Ihrer vorgeblichen Gebrechlichkeit zur Kommandozentrale umzubauen. Lassen Sie sich Sachen bringen, die Sie gar nicht brauchen und sich an Orte kutschieren, die Sie dann sofort wieder verlassen wollen. Geben Sie Ihren störrischen Erbfolgern reichlich Gelegenheit, unter Ihren Launen zu leiden. Sie werden sehen, nach einer gewissen Zeit werden Ihre Nachkommen gerne stundenlang mit Ihnen am Kaffeetisch sitzen um sich an Ihren Weisheiten zu laben. Wer nicht hören will, muss fühlen.

# Täglich allen Schmuck tragen

Jeden Tag seinen gesamten Schmuck zu tragen, mag großspurig wirken, vielleicht sogar ein bisschen verzweifelt. Dabei ist es nichts anderes als eine reine Schutzmaßnahme für Ihre Familienerbstücke. Denn wo auch immer Sie Ihre Wertsachen in der Wohnung deponieren, am Ende wird der Einbrecher sie finden.

Und die Wahrscheinlichkeit, dass einmal bei Ihnen eingebrochen wird, scheint täglich zu steigen. Doch Einbruch ist die eine (Straf)Sache, ein Überfall auf eine Dame in den besten Jahren eine ganz andere. Das überlegt sich jeder Gauner dreimal, bevor er das Risiko eingeht, nicht nur wegen Diebstahl, sondern wegen Raubüberfall auf eine Lady in den Bau zu gehen – wo genug Kollegen sitzen, für die der Spaß bei Gewalt gegen Damen aufhört. Den Schmuck täglich zu tragen, heißt also auch, ihn täglich zu schützen. Achten Sie dabei aber unbedingt auf eine ausgewogene Verteilung der Pretiosen am ganzen Körper – damit Sie nicht in Schieflage geraten. Gerade im Krankenhaus klauen sie ja wie die Raben ...

# Über Diäten reden

**Der Körper einer Frau ist ihr Tempel. Warum diese Kathedrale dann aber ausgerechnet schmal und klapprig aussehen soll, anstatt in ganzer Fülle zu erstrahlen, bleibt eines der ungeklärten Rätsel des untergehenden Abendlandes. Nichtsdestotrotz sollten Diäten auch für Sie weiterhin ein Thema sein.**

Zumindest, um bei einem schönen Stück Käsesahne- oder Sachertorte mit einer verzweifelten Mitvierzigerin darüber zu parlieren. Schenken Sie dem armen Geschöpf Ihre Aufmerksamkeit und ein paar gut gemeinte Diät-Tipps. Je gemeiner, desto besser. Denn eine „Drei-Schluck-Wasser-Diät" oder „die Kirschkernkur zum Lutschen" klingen zunächst zynisch, sind aber nichts anderes als der kurze, harte Weg auf Ihre Seite des Kuchen-büffets. Seien Sie darum stark – je mehr eine Dame in den Wechsel-jahren Hunger leidet, desto schneller kommt sie zur Vernunft und zu Ihnen ins Café.

# Nörgeln

Es ist Zeit für unangenehme Einsichten. Die Wichtigste zuerst: An Ihrer klugen, freundlichen und lebensweisen Art ist keiner Ihrer Nachkommen interessiert. Diese selbstoptimierten Kindsköpfe in den 50ern haben doch für Empathie und Philanthropie gar keine Antennen mehr.

Wer zu nett ist, den bestraft das Leben. Gib darum dem Publikum, was es sich wünscht. Nörgeln Sie, wo Sie einen Anlass finden. Wenn's keinen gibt, nörgeln Sie trotzdem. Allein die Aussicht aus dem Testament gestrichen zu werden, treibt diesen multipel verschuldeten Erbgeiern doch den Angstschweiß auf die Stirn. Betrachten Sie es als eine Art Sozial-Sadomaso. Und wenn alle im Alltag fifty Shades of Grey brauchen, können Sie als graue Eminenz doch sicher gerne behilflich sein.

# Die Enkel verziehen

Kinder sind es etwas Wunderbares. Vor allem, wenn sie noch klein und nicht die eigenen sind. Die allerbesten sind natürlich die Kinder der eigenen Kinder. Niemand sonst bietet Ihnen ein ähnlich hohes Rache-Potential für die Pubertäts-Schandtaten Ihrer Brut, als die süßen kleinen Enkelein. Jetzt ist also Payback-Zeit.

Geben Sie den kleinen Affen das letzte, was man ihnen verwehrt: Zucker. Also, richtigen Zucker. Keine mit Avocadodicksaft gesüßten Mais-Amaranth-Waffeln oder anderen Spackkram aus dem Bioladen. Bieten Sie den Kleinen das Gourmet-Essen, das sie verdienen. Filets aus dem Snickers, serviert auf einem bunten Salat aus Smarties etwa. Oder ein kandiertes Vanilleeis auf Zuckerwatte-Wolke im Schlagsahnebett. Verabreichen Sie diesen ADHS-Trigger kurz vor Übergabe der Gremlins an die entsetzten Eltern und winken Sie dem wütenden Mob in Enkelgestalt milde hinterher. Was auch immer jetzt passiert, deine Kinder haben es sich verdient!

# Ständig den Arzt wechseln

Wenn es eine Einsicht zum Thema Wissenschaft gibt die unumstößlich wahr und ewig während ist, dann ist es die empirische Beobachtung, dass praktisch keine wissenschaftliche Erkenntnis unumstößlich wahr und ewig während ist. Das gilt besonders für die Medizin.

Bei so einer großen Meinungsvielfalt sollten Sie sich nun den Luxus gönnen, sich mit Ihren jeweiligen Problemchen immer den Arzt zu suchen, dessen Therapie am besten zu Ihrem Lifestyle passt. Klingt gefährlich? Warum? Wenn ein Arztbesuch sowieso Roulette ist, dann sollte man zumindest nach Ihren Regeln spielen. Lassen Sie bei der Arztwahl auch Kriterien wie die Einrichtung des Wartezimmers und die Freundlichkeit der Arzthelferinnen mit einfließen. Schließlich ist Gesundheit eine ganzheitliche Sache. Hauptsache das Ergebnis stimmt. Tipp: Verfassen Sie doch darüber einen Ärztehopper-Blog und lassen Sie sich von der Pharmaindustrie dafür bezahlen. Da bekommt das Wort „gesundstoßen" gleich einen ganz neuen Klang!

# Bequeme Schuhe tragen

Schuhe – das waren doch in Wahrheit die gesellschaftlichen Fußfessel Ihres gesamten bisherigen Lebens. Sie mussten immer zu allem passen und waren zu 99 % das Werk perfider Folterknechte, dessen Folgen Sie noch heute bei Kieser und Co. rückbauen müssen.

Schluss mit dieser schmerzhaften Selbstversklavung. Schuhe sollen wärmen und schützen. Wenn sie dabei noch schön aussehen, umso besser. Machen Sie darum mit Ihrer High Heels- und Pumps-Sammlung ein dem Anlass entsprechendes Freudenfeuer. Und werfen Sie stramm sitzende Kostüme gleich mit rein. Modische Schuhe gehen nur noch, wenn sie aus Frottee oder Plüsch gefertigt sind. Ansonsten bietet auch die Herrenabteilung bequeme und gut gefütterte Stiefel und Slipper.

# Einer Sekte beitreten

Wie immer man auch zu Gott oder dem Übersinnlichen stehen mag, eine Sache haben praktisch alle Ideen des Jenseitigen gemeinsam: Sie sind in Glaubensgemeinschaften organisiert. Wo Menschen sich organisieren, werden wiederum Gebühren fällig. Auch der Glaube an eine höhere Macht will schließlich verwaltet und professionell umgesetzt werden.

Da es bisher keiner dieser Gemeinschaften gelungen ist, ihre jeweiligen Theorien handfest zu beweisen, ist die Auswahl an Anbietern riesig. Machen Sie darum das Konvertieren zu Ihrem Steckenpferd und lernen Sie aufregende, fremde Gebräuche und Ansichten kennen. Besonders spannend sind Aufenthalte in Guru-geführten Organisationen mit eigenen Ashrams in fernen Ländern. So lernt man nicht nur die Welt kennen, sondern treibt auch die potentiellen Erben in den Wahnsinn. Genießen Sie die Aufmerksamkeit Ihrer Nachkommen nach Ihrer Rückkehr und halten Sie sich über die Höhe Ihrer geleisteten Spenden bedeckt ... Oommh!

# Kitschromane mögen

Jeder Mensch hat kleine Geheimnisse und Schwächen, von denen er nicht gerne spricht. Wie zum Beispiel die Vorliebe für Kitschromane. Billige, von schlecht bezahlten Schreiberlingen in Serie runtergehauene Texte mit Klischee-Charakteren und stereotypen Handlungen.

Dieses Geheimnis sollte für Sie nun keines mehr sein. Erzählen Sie von Ihrer Leidenschaft – in aller Ausführlichkeit. Es gibt Menschen, die werden Ihnen zuhören. Allein schon, weil sie es müssen: Friseure, Fußpfleger, die Putzfrau – sie alle können Ihren Schilderungen nicht entrinnen. Haben Sie deswegen kein schlechtes Gewissen. Erstens sind die Geschichten gut genug für Sie selbst, also sind sie gut genug für die Welt. Und zweitens ist es ja vielleicht Teil der Bestimmung Ihrer Zuhörer, sich als Strafe für Untaten in früheren Leben, das alles anhören zu müssen. Es ist alles Karma. Sogar Dr. Stefan Frank.

# Die Nachbarn stalken

Ohne Nachbarn gäbe es keine Kriege. Eine schlichte Erkenntnis, die alles über das unsägliche Wesen der Leute aussagt, die ausgerechnet mit Ihnen Tür an Tür leben. Solche Typen kann man doch nicht unbeobachtet lassen!

Es ist nicht nur Ihr Recht, es ist Ihre gute Bürgerpflicht, jeden Schritt dieser Bande akribisch zu dokumentieren und ruhig auch im Hintergrund zu recherchieren. Das Internet leistet da heutzutage großartige Hilfe. Und irgendeinen Mist am Stecken haben wir doch schließlich alle. Wenn Sie dann nach einer gewissen Zeit Ihr gut gefülltes Dossier mit Fotos und Bewegungsprotokoll Ihrer Zielperson vor die Tür legen, wird dies sicher einen schnellen Umzug und damit bessere Nachbarn zur Folge haben. Wenn nicht, gibt es tolle neue Aufgaben für Sie als IM-Nachbar!

# Andere warten lassen

Es ist das unumstößliche Privileg einer Dame, dass sie auch mal auf sich warten lassen darf. Bisher hat es sich für Sie aber von selbst verstanden, dass diese kleine Wartezeit höchstens einen symbolischen Charakter hatte, um auf Ihre Position als echte Dame hinzuweisen. Diese minutiös austarierten Verspätungszeiten brauchen Sie nun nicht mehr.

Sie haben sich das Anrecht erworben, so dermaßen zu spät zu kommen, dass Ihr Eintreffen nicht mehr als Verabredung, sondern eher als ein zufälliges Treffen nach dem versäumten Termin zu betrachten ist. Kommen Sie darum erst ins Restaurant, wenn alle anderen aus Verzweiflung das Tischtuch und den Kellner verspeist haben oder warten Sie mit dem Betreten der Kirche bei der Taufe Ihres Enkels, bis dieser in den Armen des Pfarrers das Sprechen gelernt hat. Dass alle nun auf Sie warten, ist der Zins für Ihre ungezählten Wohltaten, die Sie den Menschen um sich herum haben angedeihen lassen. Kommen Sie verlässlich zu spät. Was die Bahn kann, können Sie schon lange!

# Einen Doktor machen

In dieser Welt ist vieles völlig unsinnig geregelt und bedürfte dringend einer Veränderung. Etwa der Umstand, dass JUNGE Menschen an Universitäten studieren. Was für ein Quatsch! Anstatt sie nach draußen zu schicken, damit sie erst mal was vom Leben lernen, hocken sie in der Stube und prügeln sich Dinge rein, von denen sie noch gar nicht absehen können, ob – und wenn wie – sie die mal brauchen werden. Das weiß der weise Mensch ab 70 aber umso besser. Es ist darum genau der richtige Zeitpunkt, ein Studium aufzunehmen und seinen Doktor zu machen. Am besten den in Medizin. Das von Ihnen in den letzten 20 Jahren durch Arztbesuche erworbene Vorwissen wird Ihnen helfen, das 2. Staatsexamen praktisch ohne Lernphasen zu bestehen. Wenn Sie sich anschließend die ein oder andere Ihrer selbstersonnenen Heilpraktiken patentieren lassen, steht auch einer ordentlichen Aufbesserung Ihrer Bezüge nichts mehr im Wege.

# Auf Bildungsreise gehen

Wenn einer eine Reise tut, der lässt sich was erzählen. Und zwar gerne von jungen dynamischen Studenten, die durch ihre Reiseleitung der schnöden Bildungsfahrt zu den Ruinen längst verschwundener Kulturen einen Hauch Rosamunde Pilcher verleihen.

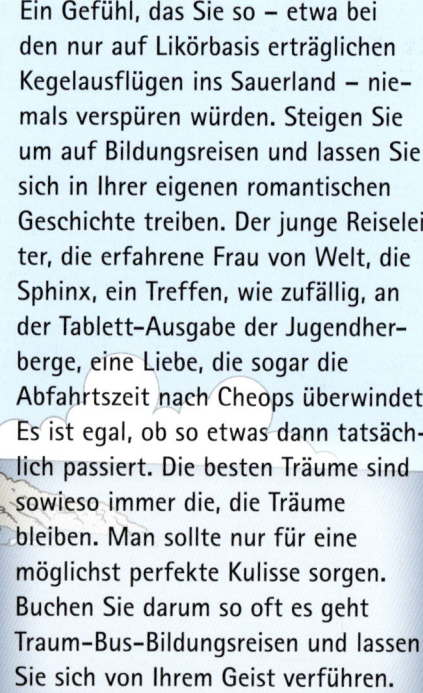

Ein Gefühl, das Sie so – etwa bei den nur auf Likörbasis erträglichen Kegelausflügen ins Sauerland – niemals verspüren würden. Steigen Sie um auf Bildungsreisen und lassen Sie sich in Ihrer eigenen romantischen Geschichte treiben. Der junge Reiseleiter, die erfahrene Frau von Welt, die Sphinx, ein Treffen, wie zufällig, an der Tablett-Ausgabe der Jugendherberge, eine Liebe, die sogar die Abfahrtszeit nach Cheops überwindet. Es ist egal, ob so etwas dann tatsächlich passiert. Die besten Träume sind sowieso immer die, die Träume bleiben. Man sollte nur für eine möglichst perfekte Kulisse sorgen. Buchen Sie darum so oft es geht Traum-Bus-Bildungsreisen und lassen Sie sich von Ihrem Geist verführen.

# Sich tätowieren lassen

Was hatte man doch für ein Glück einer Welt zu entstammen, in der die meisten Dinge einfachen Regeln folgten! Die Polizei war dein Freund und Helfer, der Arzt ein Halbgott in weiß und wer tätowiert war, der war Seemann oder Schwerverbrecher – oder gleich beides.

Dass ausgerechnet diese Form des Körperschmucks so populär werden würde, hätte man mal Ihren Eltern erzählen sollen. Da wären denen die „langhaarigen Bombenleger" von `68 doch gleich viel sympathischer gewesen. Auch wenn es sicherlich eine Erfahrung wert wäre – Tattoos sind für Sie kein modisches Must-have mehr. Wenn schon Nadelstiche, dann lieber beim Geburtstagskaffee mit den Schwiegerkindern. Schließlich weiß ein lebenserfahrener Mensch wie Sie genau, wie man nur mit einer spitzen Zunge ein schmerzhaftes Bild unter die Haut ritzt, das allen in den Köpfen bleibt.

# Unrat im Internet bestellen

Auch wenn die Generationen nach Ihnen nicht allzu viel Sinnvolles zustande gebracht haben, so muss ihnen der Neid doch eins lassen: Dieses Internet ist eine feine Sache.

Vor allem das Einkaufen bekommt so eine völlig neue Dimension, weil man nun gar nicht erst raus muss und es wirklich NICHTS gibt, was man sich nicht rund um die Uhr nach Hause bringen lassen kann. Nutzen Sie diesen Luxus der Neuzeit. Probieren Sie zuhause doch in aller Ruhe mal verschiedene Taucheranzüge durch. Oder veranstalten Sie einen bunten Trachtenabend mit der volkstümlichen Kleidung verschiedener Balkanvölker. Weil man das ganze Geraffel 14 Tage lang zurückschicken kann, ist Sachen-im-Internet-bestellen ein ebenso kostengünstiges wie lehr- und abwechslungsreiches Hobby für Sie und Ihre Freundinnen. Probieren Sie es an ... äh, aus!

# Alles zweimal lesen

Das ist natürlich völliger Blödsinn. Sie brauchen nach wie vor nichts zweimal zu lesen.

Jeder einzelne dieser kleinen Texte hat sich sofort auf Ihrer Festplatte eingebrannt, es fehlt nicht viel und Sie könnten die Geschichten sofort auswendig rezitieren. Dass ein Golden Ager zur Vergesslichkeit neigt und es oftmals noch nicht einmal merkt, wenn er ein und denselben Text zweimal liest, ist nichts als die bösartige Behauptung von Leuten, die noch nicht einmal 60 sind und meinen, sie wären schon erwachsen. Lassen Sie sich nichts einreden. Ihr Gedächtnis ist phänomenal. Alles zweimal lesen – ja geht's noch?

# Alles zweimal lesen

Das ist natürlich völliger Blödsinn. Sie brauchen nach wie vor nichts zweimal zu lesen.

Jeder einzelne dieser kleinen Texte hat sich sofort auf Ihrer Festplatte eingebrannt, es fehlt nicht viel und Sie könnten die Geschichten sofort auswendig rezitieren. Dass ein Golden Ager zur Vergesslichkeit neigt und es oftmals noch nicht einmal merkt, wenn er ein und denselben Text zweimal liest, ist nichts als die bösartige Behauptung von Leuten, die noch nicht einmal 60 sind und meinen, sie wären schon erwachsen. Lassen Sie sich nichts einreden. Ihr Gedächtnis ist phänomenal. Alles zweimal lesen – ja geht's noch?

# Eine Szene machen

Haben Sie sich auch durch jahrzehntelanges Zähnezusammenbeißen Ihre wundervollen Kauwerkzeuge ruiniert? Dann sollten Sie Ihrem Kiefermuskel ab sofort entschieden mehr Entspannung gönnen!

Statt sich zusammenzureißen, heißt es nun lernen, sich vor aller Augen gehen zu lassen. Stürzen Sie darum im Kaufhaus ruhig mal auf der Rolltreppe oder fallen Sie auf der Hauptkreuzung im Berufsverkehr in Ohnmacht. Das wird Ihnen nicht nur Aufmerksamkeit, sondern sogar eigens für Sie organisierte Hilfe einbringen. Wahnsinn. Genießen Sie die gestalterischen Möglichkeiten, die Ihnen die Bühne des Lebens ab sofort bietet und machen Sie sicherheitshalber einen Judo-Kurs, damit das Hinfallen nicht so schmerzhaft ist. Viel Spaß!

# Stur sein

**Das Recht auf Sturheit ist ein Privileg, das man sich in einem langen Leben hart erarbeiten muss. Die Sturheit ist Ausdruck des Wissens um die Alternativlosigkeit Ihres Vorhabens oder Ihrer Meinung.**

Eine Premiumhaltung, die Ihnen durch das Trial-and-Error des Lebens eindeutige Bewertungsmuster zu praktisch allen Lebenslagen an die Hand gibt. Fragen Sie doch mal die, die vorgeben, es doch nur gut mit Ihnen zu meinen. Worauf bitteschön fußt denn deren Samariter-Haltung? Etwa auf Berichten aus dem Internet? Oder haben sie es aus der Apotheken Umschau geklaut? Lassen Sie sich keinesfalls Ihre eindeutige, mehrfach im Ernstfall auf Haltbarkeit geprüfte Haltung wegreden – und wenn sie noch so stur wirken mag. Sturheit ist letztlich nichts anderes als in Trotz gegossene Weisheit.

# Täglich wiegen

Der Kampf mit der Waage ist ein Krieg, den Sie nun beenden sollten, um in Friedensverhandlungen mit dem feindlichen Stamm der Kalorien zu treten. Die Kalorien waren Ihnen Ihr Leben lang nicht wohl gesonnen.

Sie waren immer in der Überzahl, sie versteckten sich geschickt in harmlos anmutenden Speisen und Getränken. Geben Sie es auf, diesen übermächtigen Feind besiegen zu wollen. Versöhnen Sie sich mit ihm. Betrachten Sie den Gang zur Waage nicht mehr als Lagebeschreibung eines endlosen Stellungskrieges, sondern als Besuch einer Schiedsstelle. Sie werden sehen, wenn die Kalorien erst merken, wie Sie täglich zunehmen, werden sie sich erschrecken und damit aufhören, Sie dick zu machen. Bestimmt! Und wenn nicht – na, dann hat es wenigstens zum ersten Mal seit vielen Jahren ohne Reue geschmeckt. Bon Appétit!

# Jammern

Das Leben war bisher nicht immer nur ein Ponyhof. Im Gegenteil. Gäbe es für jede gute Mine, die Sie zum bösen Spiel gemacht haben einen Fünfer, könnte man Ihnen das Geld gleich in Ihre neue Heimat auf den Azoren schicken. Auch wenn die Welt in den letzten Jahren weiß Gott nicht besser geworden ist, können Sie sich nun endlich von der Fron befreien, das alles auch noch klaglos zu ertragen. „Never complain" mag ja für die Queen ein tolles Lebensmotto gewesen sein, aber die saß ja auch in einem Palast mitten in London. Worüber sollte sie klagen? Das ist bei Ihnen nun anders. Sie haben die Lizenz zum Jammern. Auch ohne Grund. Suchen Sie sich was Schickes aus und jammern Sie! Kopfweh, Schwindel, die gute alte Zeit, die schlechten Manieren der Jugend – es wird sich etwas finden.

Das Jammern ist nicht nur gut für Ihr seelisches Gleichgewicht, es hindert auch gierige Verwandte daran, Sie um Geld anzugraben. Die Klage ist der Gruß des Bankiers. Jetzt wissen Sie warum.

# Komplimente einfordern

Waren Komplimente Ihr Leben lang letztlich nur dafür gedacht und gemacht, um Sie rumzukriegen oder zu irgendetwas zu überreden, sollte diese Form der verbalen Wertschätzung nun ausschließlich Ihnen und Ihrer Anwesenheit gelten.

Wer wie Sie ein Leben lang mit Anmut, Humor und Fleiß die Welt ein Stückchen schöner gemacht hat, darf nun erwarten, dass die Welt auch mal zurückzahlt. Große Damen haben einfach ein Recht auf große Anerkennung. Wenn Ihre direkte Umgebung zu stoffelig oder zu ungehobelt ist, dieser Kompliments-Pflicht hinreichend nachzukommen, können Sie diesen Strohköpfen ruhig ein kleines Brevier mit täglichen Nettigkeiten aufschreiben. Das schützt Sie vor verbalen Rohrkrepierern und hat immer den Stil, den Sie bei einem Kompliment erwarten. Probieren Sie's aus!

# Nachgeben

Nachgiebigkeit ist eine menschliche Schwäche, die oftmals schon den schlimmsten Dingen Tür und Tor geöffnet hat. Wer wie Sie ein ganzes Leben lang mit Umsicht und Bedacht der Nachgiebigkeit nachgegeben hat, sollte jetzt die hierfür geschaffenen internen Prüfstellen endgültig schließen.

Nachgiebigkeit sollte nicht mehr die Ausnahme, sondern die Regel sein. Und zwar insbesondere einer Person gegenüber: Ihnen. Wozu der immense Kraftaufwand innerer Ringkämpfe mit der Vernunft? Diese Energie ist doch in Reue nach genossener Verfehlung viel besser investiert. Wenn Ihnen also wieder ein Teufel in Prada erscheint oder ein Budget-Killerkommando aus dem Schaufenster Ihres Schuh-Dealers auf Sie zielt, geben Sie einfach nach. Es ist sicher nicht immer richtig, aber für den Moment richtig schön!

# High sein

Eine nüchterne Betrachtungsweise anstehender Probleme schien bisher immer eine gute Herangehensweise zu sein, um Schwierigkeiten zu vermeiden. Aber mal ehrlich, wo hat denn die ständige sachliche Analyse von Fakten die Welt nach vorne gebracht? Klimawandel, globaler Terror, Schuldeninferno ... Super Ergebnis! Verlassen Sie darum diesen freudlosen Pfad und gehen Sie auf Spurensuche. Viele tausend Jahre lang war der Rausch der einzige Weg, den Willen der Götter zu erkennen. Und hatten die Indianer, Griechen und Römer so fette Probleme wie wir? Bingo. Wenn es also demnächst etwas zu entscheiden gibt, sollten Sie diesen Prozess nicht ohne bewusstseinserweiternde Mittel angehen. Welches da das probate Euphorikum ist, wird ein Mensch mit Ihrer Lebenserfahrung für sich am besten wissen. Let the sunshine in!

# Straßenmusik machen

Die Zwänge des Alltags verschütten oftmals die besten Seiten von uns. Wenn dann der Job, die Bank, die Steuer und die Kinder mit einem fertig sind, schaffen es leider nur noch wenige, sich dieser Seiten zu besinnen. Das kann man nicht ändern? Das MUSS man ändern! Entdecken Sie die verrückten Bausteine wieder, aus denen Sie gemacht wurden.

Den idealen Kurort zur Selbstbefreiung bietet Ihnen die örtliche Fußgängerzone. Bringen Sie Ihren ganzen Mut auf und machen Sie Straßenmusik. Sie können kein Instrument? Papperlapapp. Lernen Sie ein Lied auf der Gitarre und machen Sie zwischen den Vorträgen einfach größere Pausen. Das machen in dieser Branche alle so, lediglich der Geschäftsinhaber, dessen Ladenfront Sie besingen, bemerkt das überhaupt. Solch ein Tag in der Fußgängerzone wird Sie zu Ihren verborgenen Seiten führen. Denn was immer dort auch wartet, so krass wie DAS wird es kaum werden. Und mit ein bisschen Glück nehmen Sie ja auch noch ein kleines Startkapital aus Ihrem Gitarrenkoffer mit.

# Modeln

Der Beruf des Models hat in den letzten Jahren eine erstaunliche Karriere hingelegt. Von der Katalogbraut der 70er bis zum TV-Sternchen von Casting-Shows hat sich einiges verändert. Nur an der Qualifikation zur Kleiderstange offenbar nicht: blutjung und ausgehungert, als müsse man das Geld für die edlen Stoffe am Essen für die Mädels sparen.

Dieses Bild ist aber nur die halbe Wahrheit. Die andere weitaus größere Hälfte trägt nämlich heutzutage das Haar nicht lang, sondern silbergrau. Eine Armee von modebewussten Frauen in den goldenen Jahren wartet nur auf Mannequins, die glaubhaft ihre Kleidung präsentieren. Machen Sie den Versuch, Sie werden sehen, auch in Ihrer Nähe gibt es eine Agentur, die golden Girls als Modemodels sucht und Sie gerne zu einem Casting einlädt. Gibt es keine Agentur, dann gründen Sie einfach selber eine. Werden Sie Ihr eigenes Topmodel und bringen Sie sich so in kürzester Zeit in die Situation, Ihre Rente an Misereor spenden zu können. Für gute Geschäfte ist eben nie zu spät.

# Zu Hause bleiben

My Home is my castle, weiß der Brite zu berichten. Eine Haltung, der man in dieser schönen, neuen Medienwelt aus tiefstem Herzen zustimmen kann. Wer so ein Internet hat, mit einem Computer dran, der braucht auch nicht mehr fortzugehen.

Das Kaffeekränzchen kann man zu Facebook verlegen (da machen die ollen Schreckschrauben auch nicht so einen Krach) und Oper, Theater und Konzert gibt's alles kostenfrei im Netz – von den besten Ensembles der Welt. Schluss mit dem Gekratze des örtlichen Stadtorchesters. Man kann Jimi Hendrix wieder auferstehen lassen oder gleich selbst an Woodstock teilnehmen und die Mondlandung schauen, wann immer man möchte. Nutzen Sie darum die Tatsache, dass Sie in der besten aller Welten den totalen Ruhestand genießen können. Bleiben Sie zu Hause – die Welt draußen wird nämlich auch nicht schöner ...

# Kandidieren

Früher wurde der Rat der Erfahrenen und Weisen noch gerne gehört. Weil man aber heutzutage kaum und schon gar nicht von selbst zu irgendwas befragt wird, sollten Sie darüber nachdenken, Ihre Lebenserfahrung der Allgemeinheit in Form einer Amtskandidatur anzutragen. Es muss ja nicht gleich das Amt der Bundeskanzlerin sein.

Aber überall dort, wo sich junge, unreife Schnösel um Posten bewerben, ist Ihr Hut im Ring gefragt. Treten Sie darum vor jeder Wahl in die örtliche Partei mit dem jüngsten Personal ein, und stellen Sie sich einer Kampfabstimmung. Bringen Sie ruhig alle Bekannten und Verwandten mit und spendieren Sie Ihren Wahlhelfern den Parteibeitrag – das Geld kriegen Sie mit Ihrer ersten Diätenzahlung locker wieder raus. Wenn Sie nun Ihren gesunden Menschenverstand walten und regelmäßig in der Zeitung veröffentlichen lassen, ist alles wieder fast wie früher. Nur besser, denn Ihr Kontostand beweist Ihnen nun, dass Ihr guter Rat tatsächlich teuer ist.

WÄHLT ALLE MICH!

# Frei sein

Welche Ziele man im Leben auch immer verfolgt hat, je länger diese Jagd dauert, desto klarer wird, dass es nur zwei Dinge im Leben wert sind, stets geschätzt und geachtet zu werden: die Gesundheit und die Freiheit.

Während bei der Gesundheit leider schon so manches in unseren Genen vorprogrammiert ist und sich unseres Zugriffs entzieht, gehorcht unsere Freiheit ganz alleine unserem Willen. Auch was Freiheit genau ist, bestimmen nur wir allein. Aber ganz gleich, wie diese Freiheit für Sie auch aussehen mag, seien Sie so frei – nehmen Sie sich Ihre Freiheit einfach heraus. Jeder Tag kann Freitag sein. Probieren Sie's aus!

# Geschafft

**Endlich immer das passende Geschenk für alle MÄNNER!**